Kolofon
©Mathias Jansson (2015)
"Som barn badade jag i bräckt vatten"
ISBN: 978-91-86915-25-4

Utgiven av:

 "jag behöver inget förlag"
c/o Mathias Jansson
Tvärvägen 23
232 52 Åkarp
http://mathiasjansson72.blogspot.se/

Tryckt: Lulu.com

Älven

Bryggan sträcker ut sin grå beläggning
slickar den spegelblanka ytan
mycket är sig likt
det mesta är förändrat

Under senaste stormen föll granarna
förr föll inte träden så lätt
mitt i livet tog det plötsligt slut
hundra år av historia gav bara upp

Måsarna kretsar i cirklar över ytan
söker ständigt efter föda
himlen ligger blank utan vak
flötet guppar tyst
linan ligger slak

Det fanns fisk här förr
ett överflöd av liv
älven fylldes av stockar
industrier, skepp och flottare
kvar på botten gömd i gyttjan
ligger ett bortglömt arv
dioxin, arsenik, kreosot

Ännu stiger röken från någon industri
mest vattenånga, men så var det inte förr
när man såg såg vid såg
så långt som ögat såg
när man inte kunde se klart
en spegelblankyta som reflekterade
en öde älv en varm sommarkväll.

Skolan

Vägen har blivit tunnare
sen när jag som barn
gick med metspöet i hand
skogen har blivit tätare
där bakom grönskan låg en gång en hamn
björkarna skymmer nu skolan
där jag gick som barn
naturen pressar sig ut
genom skorstenen
naturen har rest sin flagg av grönt
över återerövrad mark

En gång hölls naturen tillbaks
tyglad och tuktad på all vis
nu svämmar grönskan över varje ödehus
pionerna finns förstås kvar
de står som bevis för att någon odlade
för att någon en gång värmde sig
 vid en gammal rostig gjutjärnspis.

Stationen

Kungen invigde visst stationen
ett år innan tåget gick
allt verkar gå i sin egen tid
ibland kommer inte ens tiden i tid
för inte sen jag var liten
har jag kunnat återvända hem

Resten av tiden tar vi bilen
vägen slingrar sig längs ödet
där ligger ingen ö
det är bara dumpad barlaststen
och på udden ligger ingen fabrik
bara en bana för folkracepublik

Vi korsar historiens nybyggda spår
i korsningen har framtiden slagit igen
flyttat sitt pick och pack till annan ort
kvar finns några gröna postlådor
väntande på brev från Ådalens söner
som sedan länge tagit tåget bort
som man gjorde förr
innan det gick att komma hem igen.

Vattentornet

Djup under mina fötter rinner sötvattenfloden
unga män högg en gång genom underjorden
en tunnel för att mata fabrikerna

Ur berget framför mig reser sig en fyr utan ljus
en kantig cylinder med panoramautsikt
vattenluckorna är rostiga och stängda
som en vit obelisk kastar den sin skugga över älven
ett minnesmärke över en historiks bedrift

För efter år av slit i mörker nådde man målet
men ovan jord hade tiden fortsatt förbi
en epok var över och fabrikerna stängda
under mina fötter flyter nu de glömdas flod
ur djupet läcker en stråle
en fontän av bortglömd historia.

Strandlinjen

Varje år kryper vattenlinjen tillbaka
när kusten reser sig från sin tunga börda
stranden breddas för en liten stund
innan skogen tar ett steg framåt
kliver in med sina gröna gummistövlar

I strandlinjen skvalpar ett potpurri
av bark, skräp och plast
fjärran resenärer från det syntetiska havet
där de förökar sig, sönderdelas till föda
färgglada oförstörbara plankton
fast för evigt i kretsloppet
samtidigt som den sista ålen sjunker till botten

Jag minns det som igår
när jag fick min första ål
som en surstock stretade den emot
levde långt efter döden insvept i en platspåse
nu fylls mina vassa krokar
av linor, flaskor, påsar och burkar
produkter muterade till okändlighet
bleka klumpar slingrar sig kring mina revar
i frysen finns bara fiskpinnar kvar
men när ebben sträcker sig kilometerlång
ska jag gå torrskodd fram till stupet
för att spana efter den sista ålen
krälande i bottenslammet.

Verandan

Från min brors veranda
ser jag älven spegellugn
tallskogen som brinner av guld
ölen som står immande kall
mitt bland skruv, trall och plank
takbjälkarna är lagda med himlen som tak

En kvällbris sveper svalkande
genom den gamla hängbjörken
svingar sina tunna viskor
som prasslande röster från förr

Min farfar stod med sågklingan
klöv veden till strimmor
elden som brann i spisen där inne
när höstens mörka timmar
smög kring min farfars hus
nu har min bror byggt en ny veranda
han var en av de få som stannade kvar
för att lyssna på björkens
viskande minnen.

Tjärnen

Som en helnot ligger tjärnen
inbäddad i bergets gröna partitur
trollfjärilarna hovrar i kaveldun
näckrosor släpper sina ankare
djupt ner i det mörka

Jag går på gungfly söker ett fäste
för att kunna skicka mitt flöte
högt upp bland gökens eko

Djupt där ner i det djupa
i det syrefattigas rike
gömmer sig det bortglömda
Bockstensmannens bröder
tunnor som sakta läckor sin dödliga vätska

Den eviga bottendöden som räddar våra minnen
binder in historien i sin tidlöshet
som ett skepp på sin jungfrufärd

Nu nappar det visst
de trevande ringarna runt flötet
innan det försvinner brant ner under ytan
som ett fartyg träffad av en torped.

Bada i bräckt vatten

Jag ser fotografier på mina barn
bada i samma bräckta vatten
som jag badade i som barn
plocka samma gamla pinnar längs stranden
och kasta samma stenar
som en gång spräckte älvens spegeldamm

Jag ser fotografierna i min mobil
och tänker att mina barn
kanske får möjligheten att uppleva
sina barn som badar i samma bräckta vatten
som de badade i som barn
och se dem plocka pinnar på samma strand
och åter få höra plasket av stenar
när spegelhinnan på älven spricker.

Minnen från skogarna

Skogen står kvar som en kuliss
där de hårda striderna utspelade sig
vi gick stridande ut i fullt krig
grenar blev gevär och kottar granater
vi smög bakom lövverkens täta sly
låg i bakhåll bakom stenen
överraskade fienden med ett högt rattatata
gick sen hem och drack varm choklad

Det oskyldiga krigets barndomsdrömmar
växte upp till tv-nyheternas bilder
av flyktingströmmar, massakrer och våldtäkter
det var inte längre kottar som soldaterna kastade
utan spliterbomber som slet sönder kroppar
på TV:n såg jag tarmar och barn utan armar
men i skogens skugga kan jag fortfarande höra
ett barnsligt rattatata
och mina kamraters skratt
känna spänningen i kroppen
när vi sprang runt i skogen
och lekte låtsaskrig.

Gruvan

En hemlig gruva väl dold
i slutet av den igenvuxna stigen
jag minns ett barns upptäcksfärd
den långa vandringen genom skogen
på jakt efter försvunna skatter
glittrande stenar av guld och silver

När jag åter vandrar stigen genom skogen
har många år passerat
efter en kort promenad når jag gruvan
en låg bergsvägg kanske ett dagbrott
drömmen om en rik malmåder

Dolt under den gröna mossan
hittar jag spår av barndomens skatter
kvarts, fältspat och kattguld.

Morgonen

Genom fönstret skiner en skarp skärva
morgonsolen som leker på min 70-tals tapet
en äng av gröna, bruna och gula blommor

Där i tapetskarven har jag rivit bort en bit
som bildar konturerna av en kniv
ett barns skydd mot mörkrets monster
det hemska som lurar under fantasins säng

Måsarna skriker hesa genom fönsterglipan
sömndrucken går jag ner i köket
med en skinkmacka och ett glas O'boy i min hand
stiger jag ut i barndomens berättelse
ut på altanen strålande av sommarljus
i slutet på ett rödvitt idylliskt hus.

Tjära

Åran klyver vattenytan
lämnar spår av virvlar
Pollock-stänk längs ytan
ur en plåtburk Cirkelkaffe
sprider sig det svarta och tröga
längs träbåtens botten
minnet av tjära fyller mina näsborrar

Den brunbrända handen ligger som ett roder
vattnet strömmar klart och kallt
botten glider förbi
befolkad av stockar och stenar
på handen fastnar det slemmigt gröna

Roddbåten har ankrat upp
på randen till djupet
flötena driver sakta med strömmen
hjälplös vrider sig masken
spetsad på silverpålen
zebraskuggorna cirklar runt sitt offer.

Sågspån

I dunklet ser jag lukten av sågspån
ett fuktigt damm som stiger upp ur golvet
ljudet av sångklingans metronom
yxans dova klockslag
fyller boden med ved

Längs upptrappade skogsstigar
bär andedräkten tunga Konsumkassar
mot den svarta spisens eldhamn
på de täta grangrenarna vilar snön tung
sedan lunch har skymning pulsat omkring
i kanten av den täta skogen.

Roliga historier

Trappan upp till en annan värld
en övergiven våning på min farfars övervåning
rum fyllda med kyla, skugga och det instängda
travar med Nya Norrland längs väggarna
tidningar som gulnat av tiden
historien som samlats på hög
om Ådalen 31 och Sandöbron
en mumifierad geting i fönstret
ligger fångad i drömmen om ljuset
men andra historier intresserade mig då
med min sax samlade jag utklipp
lämnade spår i tidens blad
tomrum av skämt och roliga historier
ett brunt kuvert fyllt med skratt
låg länge oläst i mitt skåp.

Backen

Att orka cykla ända upp var en bedrift
när däcken slirade i iskurvan
var snökedjor, sand och en tung därbak
det enda som kunde besegra isoleringen

Men med vilken fart vi susande ner
på snöbob och pulka i rasande fart
och cykeln skramlade dödsföraktad
över rullgrus och gropar

Jag kan ännu höra ditt tysta ropa
olyckan som ingen såg
jag var för liten för att förstås
att döden stod utanför
och andades på din ruta.

Bryggan

Jag återvänder till bryggan
det trygga kluckande mot stenarna
flötet på sin eviga odyssé
braxen som glittrande vänder
som en guldslant i en önskebrunn
tystnaden och stillheten som sänker sig
som ur en skymningsdikt av Pär Lagerkvist

Skrattmåsen seglar med sänkta segel
i ström av sensommar sol
när den tjeckoviska strängen
den boyianska knoppen brister
i ett uråldrigt skrik

I skogens skymning smyger verkligheten omkring
rör sig ljudlöst bland blåbärsris och mossa
en skugga skymtar bakom uråldriga stammar och sly
vinterns mörker och kyla
som rör sig allt närmare pekoralens slut.

Kallkällan

Handen stelnar av vattnets kyla
fiskar upp några sprattlande burkar
glittrande glänser fångsten i nätet
torra barr flyter bruna och gula
på den djupa oceanens yta
sakta fångas de av strömmen
försvinner ner i virvelns djup

Bakom ormbunkarnas gröna skägg
stirrar grodans slemmiga ögon
ölen pyser skummande ur fångenskapen
grodan hoppar in i skogens dunkel
ölen rinner iskall genom själen
kallkällans uråldriga kyla
svalkar sommaren feberfantasi.

Tunneln

Vatten droppar på mina stövlar
mitt eko har ännu inte kommit tillbaka
nittio meter ovanför mig rör sig vågorna oroligt
längs bergväggarna är mina ord ristade
dolda i mörkret vilar alla historierna
väntande på att stiga upp i berättelsernas torn
svalla över papprets lugna yta

Långt bort i tunnelns hör jag ljudet
mitt rop som växer sig allt starkare
ett eko som vindlande letat sig fram
ur minnenas labyrinter
jag lyssnar spänt
hör hur rösten studsar tillbaka
förvrängd och osammanhängande
som en bortglömd dröm.

Målaren

Vår granne var målare
han målade även landskap
men jag minns honom som fiskare
den vita platshinken
tom på målarfärg
men fylld med feta abborrar

Mina barndomsdrömmar var fyllda av fiskar
jag gled med ett metspö i farfars eka
vi åkte med bilen långt in i skogen
till en svart tjärn med regnbågsfisk

Jag var ständigt på väg
till stenen eller kanalen
med metspö och maskburk
mina anteckningsböcker fylldes av fiskar
mört, abborre, brax och löja
väder, antal och vikter
tillsammans med allehanda hopplockade tips

Lukten sitter fortfarande kvar
en blandning av mask och fisk
nedträngd långt i barnets solbrända händer.

Islossningen

Vinterns lagrade kyla stiger mot ytan
sveps med av vindarna
islossningens kalla benmärgskyla

Schönbergs atonala isklirr
skaver mellan land och hav
kristaller i sörja, sörpa och is
glider glittrande hala
över vårens spröda skala

Måsarna skriker sig hesa
kråkans kraxar i torrgranens topp
våren stämmer instrumenten
taken droppar sina noter
i snöns smältande partitur.

Skärvor

Jag plockar skärvor
ur barndomens älv
historier som legat och skavt
i strandkantens skum

Den mjuka runda berättelsen
finslipad av årens glömska
de skarpa kanterna avrundade
till släta minnen i min hand

En skärva av barndomen
vilar på mitt skrivbord
den vita stenen
med insprängda stråk av svärta
solvarm av vårens första strålar.

Min farfar

Varje fredag tog han bussen
för att simma sina längder
sitta i bastun och prata
med de dövstumma tvillingsjälarna

Min farfar som reste till Amerika
han som tatuerade sin arm
med sjömanssegel
han som saltade lake i skafferiet
och balanserade kvastskaft på hakan

Varje fredag tog han bussen
in till staden för att handla
smör, fil och bröd
en påse med klirrande renhet
mot vardagens ensamhet

Min farfar som pratade engelska
med sjömän från främmande länder
som längtade till andra länder
medan snön föll
som sågspån över fågelbordet.

Älgen

Stiger fram ur skogen
står och svävar över skaren
mellan de darrande pelarna
ögonen blänger i kylan
ångan stiger ur mulen
tuggar dumt på några kvistar
stelnar och vänder tillbaka
in i skymningslandet
jag står kvar vid fönstret
väntar tills jag ser
den gula postbilen
susa ner för backen.

Ekorren

Snön perforerad
av svarta solrosskal
Domherren gungar fri
Talgoxen väntar på sin tur

Från granens gröna skugga
glider med svarta ögon
den röda vintersvansen
cirkulerar runt stammen
vågar språnget
ut i den kalla luften
fågelbordet gungar under tyngden.

Torrgranen

En murken koja
har vuxit ur barndomslekens
trygga zoner
höjt sig över historien
till en svindlande utsiktplats

Sida vid sida står dem
ett gammalt torrgranpar
som en tidsportal till dödens dal
barken faller av i stora sjok
grenarna är torra och glesa

De står där och väntar
på höststormens besök
en sista axelklapp
ett bryskt farväl
innan de faller
hand i hand
i mossans mjuka famn.

Korsord

En sprucken kopp
med rykande kokkaffe
värmen från en svartspis
favoritpennan i handen
nednött av korsordstidsfördriv
torrskorpans smulor
på en blekt vaxduk
den tummade kortleken
patiensen som aldrig går ut
radion på låg volym
regnet som smattrar tyst
mot det flagade fönsterblecket
flugsurr och eldknaster
och ett ord på sju bokstäver
tidsfördriv för ensamma.

Timmer

På älven
små bogserbåtar drog
kilometerlånga lass av timmer
stretade fram på vattenvägarna
Sandslån, Bure och Faxe

Sjöstövelklädda män
klev i ibland i land
med vässade båtshakar
samlade in och återförde
de vilsna fåren till fållan
tillbaka till den väntande massan

Några slank ur nätet
drev vilda vind för våg
förvildades och surnade
blev våt och hala
låg och nötte
tills de mötte sitt öde
nersjunkna i älven fåra.

Slanten

Vid Öbergs livs
under trappan
i det torra gruset
i skuggan av eternithuset
låg en glimrande tuggummislant
två Jenka, Shake eller Bugg
att dela på
något att tugga på

Min bror och jag
de brunbrända bröderna brothers
på den slingrande grusvägen
mellan de spridda villorna
ända fram till vägen slut
där vi bodde i ett rött hus.

Bandyplan

Skridskorna skär sin väg
skjuter den tunga skyffeln
skottar rent framför målet

Under den nyfallna snö
ligger en knagglig bana av is

Rut omkring mig
faller snön tyst under ljusen
vinden rör sig tungt
susar runt i de snötyngda granarna

Bandybollen lyser brandgul
mot den vita snön
jag hör det tunga ljudet
av klubban som träffar isen
den snabba snärten med armen
nätet som fladdrar
och så mål!

Slutet

Allt växer igen
stigen som inte längre trampas
skogen förändrar sig

Även stenen som verkar evig
spricker till sist
och faller isär

Ännu kan jag se spåren
stigarna jag vandrade
men allt bleknar med tiden
som mina minnen.

www.ingramcontent.com/pod-product-compliance
Lightning Source LLC
Chambersburg PA
CBHW030011040426
42337CB00012BA/732